DIALOGUE

PATOIS-MESSIN

ET FRANÇAIS.

SOUS PRESSE :

FLIPPE MITONNO

ou

LA FAMILLE RIDICULE,

Comédie messine, revue, corrigée et augmentée de chansons inédites,
1 vol. in-8.

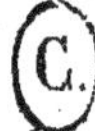

Metz, Typographie de DEMBOUR et GANGEL.

HISTOIRE VÉRITABLE

DE

VERNIER,

MAÎTRE-TRIPIER DU CHAMPÉ, NOTABLE, ET DÉSIGNÉ POUR ÊTRE

ÉCHEVIN DE LA PAROISSE

SAINT-EUCAIRE.

Dialogue patois-messin et français, à cinq personnages.

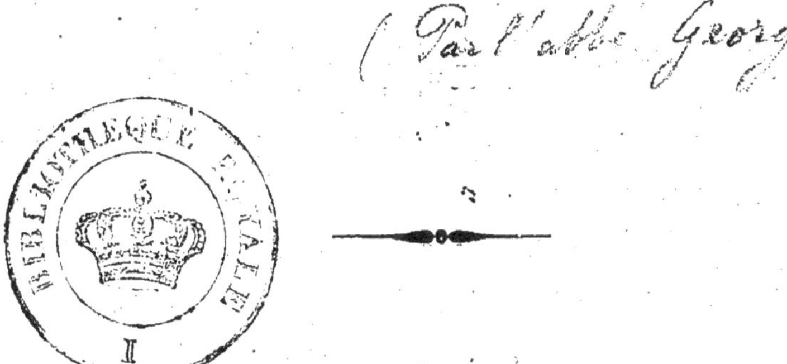

METZ,

CHEZ H.-X. LORETTE, LIBRAIRE,

RUE DU PETIT-PARIS, 8.

1844

L'abbé Georgen est auteur de ce poëme resté inédit jusqu'à ce jour, qui fût composé vers 1798, et dans lequel il figure comme acteur. Il était vicaire de la paroisse Saint-Eucaire de Metz, et devint ensuite grand chantre de la primatiale de Nancy.

Il existe plusieurs copies de ce poëme, toutes avec des variantes de peu d'importance. Le titre que nous avons choisi est celui qui se trouve sur un petit in-4° de 35 pages, et qui nous a paru la plus ancienne, Deux autres copies qui nous ont été communiquées ont pour titre : *Éloge historique du sieur Vernier*, etc., l'une de 31 feuillets et l'autre de 24 pages in-4°.

E.-J. L.

AVANT-PROPOS.

Ne soyez pas surpris, lecteur, si j'ai entrepris de vous donner un amusement; c'est une dissipation que je me suis accordée et qui mérite toute votre attention. Le sujet, depuis longtemps reconnu, n'a cessé de m'en montrer les moyens; vous les reconnaîtrez vous-même par mes explications, et sans me cacher je converserai avec lui; car il est étonnant que notre siècle qui se flatte d'être le siècle des lumières, soit encore privé d'un ouvrage si intéressant. Nous avons le Parfait Négociant, le Parfait Notaire, le Parfait Procureur, le Parfait Maréchal, etc, etc., et nous n'avons pas le Parfait Tripier, chose étonnante. Je mets donc au jour ce que vous désirez depuis si longtemps.

Je chante ce héros, cet homme si savant,
Qui vendait du tacon qu'il faisait proprement.
Après vous je soupire! Ah! que je vous regrette,
Manger délicieux, excellentes caillettes.
Ah! les bons pieds de bœufs, les bons pieds de moutons,
Surtout quand j'avais soin d'y mettre des porjons.
Habitants fortunés des rives de la Seille,
D'un si beau port de mer, connaissez les merveilles;
Chez vous sont ces trésors de foie et de molat,
Et leur assortiment, ce si bon cent feuillat;
Et bien loin d'animer ces branches sans commerce,
Pourquoi donc parmi vous si peu qui s'exerce?
Que j'aurais désiré, vous le savez, Vernier,
Que vous eussiez écrit sur le *Parfait Tripier*.
Plein d'érudition, pour passer d'âge en âge,
Le burin d'un grand maître en eut orné l'ouvrage;[1]
Cent feuillat, vu en plain molat, vu de profil,
Pied de bœuf assez cuit pour le mettre au persil;
Votre riant portrait posé au frontispice
Aurait rempli d'ardeur les tripiers novices;
Vous auriez discuté et traité fort au long
Les différents objets, leur dégré de cuisson;
Vous y auriez dépeint votre très-chère dame,
Qu'elle avait de talent! ô la maîtresse femme!
Quand elle était au taut, attirait les chalands.
Ses grâces, son adresse autour de la chaudière,
J'allais en informer la ville toute entière.
Quand le tacon bouillait, ah! quelle agilité
A voir s'il était cuit, s'il n'était pas brûlé.
Ah! comme elle savait passer à la raclette
Et souffler les boyaux avec une allumette.
Vous n'êtes plus, hélas! et vous avez laissé,

[1] Gravure qui aurait enrichi le *Parfait Tripier*.

En quittant les humains, un grand vide au Champé.
Encore si vous eussiez, pour faire de la tripe,
Laissé plusieurs sujets formés par vos principes,
Cher Vernier. De Chambière un artiste fameux,
En vain sera vanté par un peuple nombreux;
Jamais je ne croirai que le sieur Saucerotte [1]
Possédât comme vous le grand art des pansottes.
En hiver, quand on fait grande guerre aux pourceaux,
D'un bœuf à votre mur pendait le gros boyau;
Ainsi qu'en un beau temps, au bord de la Moselle,
On voit à des cordeaux voltiger les lurelles,
Ainsi, dans le Champé, on voit avec plaisir
Folâtrer le rectum [2] avec les doux zéphirs;
Comme signes parlants, signes qui avertissent,
Parce que dans ce temps on fait faire des saucisses.
Aussi par les Messins, connu pour assorti,
On accourait chez vous, sûrs d'être bien servis.
Aurait-on marchandé une heure entière,
On retournait toujours charmé de vos manières.
Etiez-vous épuisé, étiez-vous satisfait,
Gens qui à chipoter n'ont jamais fait,
Il est des acheteurs qui ont des têtes de houille,
Sans perdre un seul instant vous preniez la quenouille.
Un jour que vous grondiez des gens de peu de soin,
Je crois avoir ouï de vous ces paroles de loin : [3]

[1] Saucerotte qui vivait vers le milieu du XVIIIe siècle, était un célèbre tripier de la rue Chambière.

[2] Boyau gras.

[3] Comme M. Vernier était un grand fileur, dans le besoin où il était toujours de torchons et de tabliers de cuisine, on s'avisa un jour de lui cacher le petit vase qui contenait l'eau et l'éponge dont il se servait pour filer, et dans la crainte de perdre du temps, il aimait mieux mouiller son chanvre de sa salive que de s'occuper à le rechercher. Et s'apercevant que cela lui desséchait la poitrine, il s'avisa de se fâcher en s'exprimant ainsi en patois-messin.

Roatés où q'ces gens let ont fourré ma mouillate,
Im faut mouillés mes deües avot d'la crachatte;
Val in houre que j'la charche et je ne pieu la trové,
J'n' sais s'zon dans zou têtes des gens en lét;
Y n'rangeons jema rin, ja belle a louzi dire,
J'n'en pouvons rin fare, pas pou in empire.
J'voureu vit'man ouvret et jeunne pieux réussir,
J'n'ame qua f'lé aujedu, j' n'ame fa in aune de fi;
Im faut des vanteriens, j'veureu aöir ene panaye,
Ja pu paoue que j'nen d'sire qu'il ne serime fate cetto annaye,
I faut renoncié à flé quand cé lo temps des cachons;
Les gens veuillent ate sarvis comme de juste et d'rajons,
Faut ete sur quate chemins, allaye dans let bocheraye;
Si les bouchis manquint deu me sarvi d'marchandayes,
Ce sereu eune grande misère en in temps comme solet,
Chequinque a beune envaye de fare des cervelets;
Ainsi im faut des trippes : les inques en veuillent des froches,
Les faut chaufiet, po le cou, pour cosse qu'en veuillent des soches :
Les gens sont diff'ciles, im faut rende des rajons
Et si v'manqueu queuqefois d'considération,
Si v'nateume acoutant, v'pardés vos pratiques,
Y vont bientout menacié d'allé en d'autes boutiques,
Et y n'en trove que trop, niet ossez d'gates metis.
Y niet quin prix cheux nos et j'tache de bian sarvi,
In marché sreu tout fat si on paleu à des houmes,
Mais im faut berguignet treustous evot les fommes.

Pendant le murmure rapporté de Vernier, un abbé qui l'entendait lui fit cetto réponse :

Votre fil était fin, vous le saviez unir
Et vous n'avez jamais voulu en convenir ;
La filasse d'autrui était toujours belle,
La vôtre, à vous entendre, était de la ficelle ;

Votre toile n'était jamais que du treillis,
Une autre était très-belle, on y aurait écrit.
Qu'il est beau qu'un mari soit toujours à l'ouvrage,
Occupé de son art et du soin de son ménage.
O monde corompu, quelle est ta déraison
De traiter les maris de Jean-Jean Cauquenion.
Oui, je dirai toujours que pendant votre vie,
Je me suis fait honneur de votre compagnie ;
J'ai toujours admiré en vous un bon chrétien,
Excellent patriote et bon paroissien ;
Je vous ai toujours respecté comme un notable,
Vous aviez en effet un air très-respectable,
Si j'avais eu l'honneur d'être votre curé,
Pendant magnificat je vous eusse encensé.
Je le peux assurer, toujours à Saint-Eucaire
Vous fûtes le premier payant le luminaire ;
Les cloches dans les airs, de leur son argentin,
Nous ont bien des fois dit que vous étiez parrain.
Offrant le pain bénit en homme qui sait vivre,
Vous donnâtes un jour un cierge de trois livres ;
Dans votre zèle ardent vous eussiez désiré
Que tous les paroissiens vous eussent imité.
Votre assiduité à aller à l'offrande
Vous a mérité, bien que Dieu vous le rende.
Quand la mort enleva quelqu'un de vos parents,
Vous avez toujours fait les choses noblement ;
Je veux, nous disiez-vous, la grosse sonnerie
Et que l'on n'omette pas une seule cérémonie ;
Je donnerai, s'il le faut même, le casuel
Plus fort qu'il n'est prescrit par votre rituel ;
Qu'on fasse à mon parent tous les honneurs d'église,
Demain, après-demain, je veux les deux services ;
Si tout cela va bien et que je sois content,
Messieurs, il y aura encore un bout de l'an.

Je vais voir de ce pas compère Trionville,
Je parlerai aussi au compère Subtile;
Si je suis bien content d'eux, s'ils donnent bien du son,
Outre leurs honoraires, ils auront du tacon.
Un jour, après midi, passant dans votre rue,
Je m'entends appeler par une voix connue.

Réponse de M. Vernier à M. l'Abbé qui est engagé à une visite.

VERNIER.

Monsieu l'ebé, siv' pliat, diseume in pou si ja tour,
V'dotteu que n'atte majon ne v'cheyeus dessus le cour,
Ou que sa vévé p'tite pour d'vi casset ine jambe;
Fayeume l'hounou d'entreu, v'neu in pou veur natte chambre.

M. l'Abbé, pour complaire, entre et prononce ce qui suit :

Sa rare propreté me frappa en entrant;
Voilà, dis-je, Monsieur, un bel appartement.

VERNIER.

In bé appertement, im sanne que jeuv' veut rire;
Vol in bé taudi, mé, que sa fat, quen voleuve dire.

L'ABBÉ.

Pardonnez-moi, Monsieur, je ne me moque pas.

VERNIER.

O v'nen erime l'etrenne, val in Saint-Nicolas
Que ja treuvé d'renconte, y v'neu de d'sus in vente;
On m'let fat cinquante sols et j'la eveu po trente;
I la in pou propre estout; j'la fa in pou doré,
Car il eteu in pou ouette, l'eteu tout pazané.

Vale encas des p'tiats cades , encas in boune Viarge ;
Po fare la cimetraye , ja qua mis doux p'tiats ciarges ,
J'dis que s'na rien d'ine chambe quand y gnié point d'saints ;
Ja dou respect pou les gens cheu qui j'en ouest tout plien ,
Sa le pu bé ornement, sate in boune compagnaye,
Sa fa tojo sovenant dou temps des confrarayes ;
S'nam pom' vanté , ma met et madame Vernier
Jettins ti doux confra avo les marguilliers.

L'ABBÉ.

Que vous avez souvent pleuré en ma présence ,
De la religion la triste décadence !
Après avoir loué nos fidèles ayeux ,
Vous déploriez ainsi ce siècle malheureux.

VERNIER.

Les autes fois y gnieveu don plasié dans cette veye,
Ja sa v'qui dans l'boin temps, dans l'temps des confrarayes,
On s'émeut to comme des frères, y nieveu jema in mat,
Chequinque eteu exact, chequinque peyeu des r'grats ;
Jeume sovienra tojo d'aoir ateu, sans repraches ,
Deune cequante confrerayes, d'ailliou et d'natte berache.
On nateume comme astour, y nieveu d'la devotion,
Setteu hiaque de mou bé q'les congregations.
To les jous des sarmons, to les jous des prières,
Les belles prochessions, qu'd'prêtes et d'bannières ;
Y nieveu po q'chequinque poveusse bian sarvi Dieu,
Les confra des gens d'miti et les confra des mousieux ;
Ma on net inventaye tant d'menterayes et d'malice
Que toplien de balles chouses ont été ebolisse.
On dit (ah ! quand j'y pense faut ette mou malin)
Que les confra allin boire en sourtant don motin,

Que s'natteu q'des begats, rouatés les langues modites ;
Tant d'gens si craignant Dieu, les tratiez d'hipocrites.
On v'rit au nez etout quand veu paleu d'lancien tems,
On dit q'sa des ranquines et des tiques de vieilles gens ;
On éboli torto, j'neran bieutout pu d'fêtes,
Les jounes gens d'aujordu n'ont pu q'la glioure en tête ;
Y gné pu d'devotion, chequinque le v'vieu porté haut,
On ouat pu q'des parures, on ouat pu q'des houbriaux,
On n's ait pu comment s'matte, ô disjeume in po, j'venpraye,
Si on natteu enlet dans l'temps des confrarayes,
On natteume si friand, on alleu sans feçon ;
Çatteu fare in boin rpet que d'minget don tacon.
Aussi que javeu d'pratiques, étout sa la misère,
On diret s'quon voureu, in fa pu boin sus terre.
Ah ! que les gens sont méchants, médisants, envious,
S'la lou zi fa d'la poine, si v'voyeus queuque cinq sols ;
Les autres fois on atteu pu chrétien pu honnête,
Quand j'palins de r'pouzoi, chaquinque d'mandeu d'en ette,
Etout sa let misère, chequinque n'pense pu que sé,
Ma j'name pu b'soin d'zous, j'fa to seul me r'pouzoi.

L'ABBÉ.

Le reposoir, quel mot ! quoi que viens-je d'entendre,
Quelle riche matière, et comment l'entreprendre ;
Le reposoir, ici, je l'avoue, ô Vernier !
Que je vais succomber sous un si grand sujet ;
Quel était votre zèle et votre prévoyance,
Vous vous y disposiez toujours six mois d'avance.
Combien de pieds de bœuf et de bienfaits signalés,
Etait en ce grand jour répandu au Champé.
La charpente en était d'admirable structure,
Il était distingué par sa noble ouverture ;
Je vous priai, un jour, sans être trop curieux,

De dire où vous aviez tant d'effets précieux ;
Tant de brillants miroirs, tant de tapisseries,
De superbes tableaux, et tant d'argenteries.

VERNIER.

Ah ! ah ! j'va cheux les conseillers, j'va cheux les présidents,
J'va et let Citodelle et au gouvernement ;
J'va cheux les Recalats, et quand im faut des cades,
J'na qua dire in mat, j'en a aux sœurs Calattes ;
Chequinque voureu m'preté ; ma pou dans l'quartier-cet,
Quand on net b'san de rian, on let bientout trovet.
Si n'gnaveu rin siti, y saurin bin m'l'dire ;
Si ine chouse ne vame bin, il sève ossés en rire.
Enfin quasquen diret, y faut fare ce quon pieu,
On nen fa jema assés po let glioure don boin Dieu.

L'ABBÉ.

Rempli pour le travail d'ardeur édifiante,
Vous chassiez, des enfants, la troupe embarrassante.

VERNIER.

Ses mouchou let d'chandeule et decampeu tortou,
Et s'ven alleu cheux vos, alleu veur si j'y sus ;
Quasque sa de tant d'jens, évan-je b'san de tant d'rien ;
Valleu veur que tantou jallans sa triste en chèsse,
J'navame mi pu d'temps quin zenfaut ; rouatez que affront
Si natte dame natteume fatte po let prochessions.
Hatcuve in pou vos otes, y faut q'jaye mou d'pociance,
Alantous de tant d'gens q'n'ont point d'intelligence ;
Y faureu ette partout et que je feusse don haut pays,

J'sus tot foché, quand j'qua qu'on est si pou d'esprit.
Et tet, quasque j'ta dis, vieute to dépéchié, empliate ;
Vetant cheux la commère, elle met promis ses cades ;
Et tet pesse pet l'Ponsé et s'tant va au Quertau,
Ja veu le compère Mangin, y met promis scs tabliaux.
Neu me fayeume tant palé, sasque jev'demande en grace,
Verin compassion d'met, si v'savin que j'seus lasse ;
Ja la tête comme in bechot, oye j'sus causi rendu,
Jeu ne tiens pu sus mes jambes d'aoire insi coru :
D'ici au Pontiefreu, d'allé à let pliace d'Armes,
De let, à let Citodelle et enchute aux Grands-Carmes.
Je pieu dire que jeune mame essieuté de peu midi,
Y nien ereu pu d'sept, quand ce s'reu aujedu samedi,
S'il étin hadé comme met minj'rin ine bonne soppe grasse,
Por met, j'va fare choffié in pou d'vin dans met tasse,
J'y mattra in pou de seuq et pu quand j'lara bu,
J'dira in mat d'prière et jeume couchera let d'sus.
Tortot et prot po d'main, jeune regrette mot mes poenes.
Dans torto les covents, on pieu dire que les poures Moines,
Torto s'que ja demandé, ne m'en ont point fa d'refus ;
Je m'en va portant couchié, ossès : bonne nuve dondu.

M. Vernier n'eut pas fini son compliment et ne fut pas plutôt entré dans son lit, qu'une servante frappa fortement sa porte pour avoir soit-disant quelque chose.

LA SERVANTE.

To ! to ! à la boutique, im faut des pieds et des tripes.

Mme VERNIER.

Leveuve, Vernier, j'creu que sa ine de nos pratiques.

VERNIER.

Et in houre en let fare levet les gens,
Leveuve vos, Nanette, et serveu vot gens.

LA SERVANTE.

Resté au lit, M. Vernier; à demain dès le matin; bon soir.

VERNIER.

Ebeune j'sera levaye, dret l'grand matin po l'r'posoir.

L'ABBÉ.

Que vous étiez content lorsque la matinée
Du dimanche annonçait une très-belle journée.

VERNIER.

Allons vol le bé temps, les prochessions veuront;
Jerans, si pliat à Dieu, treus bénédictions:
Jerans donc natte berache, elle deu aoir l'étrenne,
Jerans Saint-Maximin, jerans Sainte-Seglaine;
Ja prié les pastours qui me fayieme s't'hounous.
L'ont repondu to douze (avec plaisir M. Vernier),
Qui m'ont beund reçu, et s'mont dit d'une façon mou honnête,
Qu'ils vrin veure lo repousoi, qu'ils sen feyint ine fête;
Quand j'va les invité, in manquont jema d'y v'nin,
J'seus beune reçu partot, quand jeu ne s'reume échevin;
Si j'l'atteu, aux grandes fêtes y niereu d'la musique,
Jereu fa en sourtant in don à la fabrique.
Jeume soviens des autres fois, j'pale de l'ancien temps,
On sourteume dête échevin qu'on fayeusse in présent;
Ma s'na pu let sajon, s'na peu la moude d'asthoure,
On n'cesse met portant d'dire q'natte fabrique a poure.
Si j'atteu échevin, j'freu torto po l'bien,
J'parie qu'on direu sa que jeune prend ouate et rien.
Quand on a échevin, faut aouar des repraches,
Evo s'quon est en sa lo vala deune berache.

Y vaut mieux ète comme j'sus in p'tiat paroissien,
Et fare to docement so p'tiat devoir de chrétien.
On dit d'jet que j'fa mo repousoi po let gloire,
Si j'atteu échevin, ce sereu ca des autres histoires.
Jeume counnas, j'seus sensible, jeune freume brare ine offant,
Jeune poureu résisté aux langues des mechantes gens;
Y m'foreu tot les jos ébandonné m'n'ovrege,
J'sreu forcé mogret met d'negligé not ménège;
J'sreu persécuté tos les jos pet l'menegie,
Lo serrurie, l'maçon, lo recovrou, lo charpenti;
Nieureu a to moment hiak de nové et r'fare,
Au cliachi, au moti ou cheu les vicares;
Car jeune lou conseill'reume sans qu'on meusse eccordé,
D'fare en natte mojon [1] beillié in cop d'merté.
Larin a fare et met, j'décliare que j'sereu duche,
S'il allin chingé nos euches, les fare toché à nos muches,
Et si monsieu le Keuré fayeu fare des quebinets,
Il les paycreu ou beune il faureu pliadié.
Lereu bé essemblié gens d'palas et pratique,
Jema jeune payeureu des deniers d'let fabrique;
Quand Messieux les notables s'y opposrin tortu,
Ce sreu tot inutile, je freu veur ce que j'sus;
L'errin bé consulté, bé fare des écritures,
J'entreprenreu l'procès mogré zou signatures;
Jeune dieume dire torto comme si j'atteu foché,
J'li frin rematte les chouses en zou premier étet;
Si j'agisseu en let seune sreume dejet pet vengence,
Ma à cause de m'sarmant et pour met ine conscience,
Car si l'allin don devant jeune sreume to fu d'enfé,
J'nembrasserins de to natte kieur cheux lu à diné.
Torto c'qui arrivereu ce s'reu tojo d'met faute,

____
[1] On entend ici la maison curiale.

On diré de met c'quon a déjà dit des autes;
Saus qui ont éteu échevins, s'name en vu don boin Dieu,
Sa pous aoir le plasié d'fare in pous les Monsieux;
Po fare lot bel esprit, po fare lot respectable,
Po aoir l'dreu d'allé dans les banques des notables. [1]
Ja du moins po m'n'ergent l'pu bé don mouti,
Dans la balle grande allaye, sa met quest le premi;
Quand j'y sus, j'creu cosi ete placié dans in trone,
Jeune perds met in mat de tout c'qu'on annonce au prone;
J'y vois torto et l'autel, j'entends beune le sermon,
Ja le plasié d'veur beillié let bénédiction;
Aux grandes ceremonayes, j'name b'san de tant étende,
J'sus tojo des premis po aller et l'offrande.
Asse pieut ette que jeune seume fa pou figurié au kieur,
Que s'name a fare et met depté in hébit neure;
Asse quand j'men chegrinera j'n'en erame devantage,
N'paleure peu d'celet, porchuvans natte ovraige.
Slet prend portant figure; et bien, madame Vernier,
J'pense que vepraté vas roses et vas boquets;
J'en errans bientou b'san, prepareu les, ma grande, [2]
Tacheu tant queuv'pourreu deune point fare etende;
Jerans bientou posié les cades et les tablieaux,
J'les a torto rangié dans let chambre en haut.
V'ovrez comme une forçare, rouatez in pou queu fomme,
Que j'sus beune rencontré, je sus l'pu haouroux des homme;
Si v'natteime et vos nos dans in si grand tropoi,
Jeune poureme jema v'nir et bout d'natte r'pousoi.
Vale le pu grous qua fa, in ko in pou d'patience,
J'trevaillant pol'boin Dieu, y sret natte recompense.

---

[1] Ici Vernier préfère son banc à celui des notables.
[2] Madame Vernier était en effet de la riche taille.

On dit en torto Metz que des r'pousois l'pu bé,
Sa l'sou quin tripied fa to les ans au Champé.
Ah! qui s'reu malagié de trover natte second tome,
Pou saoir tot, comme nous, beune rengié in dome;
Les preusidents q'ja veu sont torto beune surpris,
Qu'après tant d'repousois jeune scumes ko échevin;
Y faut s'en consolaye comme d'ine bonne affare,
S'name eune affront por met, mas po les gens d'Saint-Eucare;
C'la fa veur qu'ils n'ont point de considération
Po les gens qu'aiment de fare des decorations.
P'tête que c'let arriveret, ne vanayeure met, Nanette,
Quand je s'ra échevin et s'ret vous qui fret la quette;
Porquet d'sespéraye, saveuve, la dernière fois,
Que j'la causi étu, on dit qu'j'ven deveu;
Les Saint-Geourges sont pu fins, y nome manquié d'y motte,
Natte premi matte tripié, le compère Saucerotte.
Saint-Geourges n'a, j'en conviens, qu'ine berache de govions,
Ils rendent portant justice à natte profession.
Oh! oh! pou ête tripi, in faume ête imbécile,
Y fournissons pou les tauilles des peu rèches d'let ville.
On n'me fame échevin, et beune jeune pieux en jurié,
Que d'vant qui feu longtemps, jera chingié l'cirier;
J'en moinera eva met Fanchon l'effrontaye,
Meyotte le grenadié et Suzon la boseraye;
J'veran torto cheu natte prête, sa met q'sret lo coronel,
Le Champé eret let gloire d'oir chingié l'Morel. [1]
J'seus sur de reussi, et po allé pu vite,
J'pourrans n'fare secondié par natte fouillou d'pepite;
J'ly diran qui chercheusse avo lu queuque docteurs,
J'veuran quasse qui gagneret d'nos ou des hebits neures.

____

[1] Morel, cirier de la paroisse.

Ja vu dejet dans la berache beune des histoires,
Et sa tojo l'Champé quet remp'té la victoire.

Discours patois de M. Vernier, par lequel il explique en général les honneurs, les avantages et les droits qui sont attachés à l'Échevinat.

VERNIER, *à sa femme.*

Que j'voureu ête échevin, quand j'ois comme on s'quart,
Au bé mitan don kieur po let recette don luminart.

Réponse de Mme VERNIER *à son mari.*

J'dis souvent en met même, vois, tiens, vois, m'poure Vernier,
Quand asse que sret en lé, et quand asse que sret en let;
Comme t'a sovent prié à des bétomes,
On sonnereu in coup d'grousse por tet et por let fomme;
Val in bé privilège, et si vattin mémement
Met maraine et vot parain te douze don même offant,
Po fare veur to pouvoir et pliare à la couchaye,
Te neureu qu'a ordonné, de chute on sonnereu en volaye;
Te sreu des gens d'église obei, respectaye,
Et ine te palerin jema que la main et zoute chepé,
Comme ta ossés hardi et que ti ossez bonne langue,
Tot austout queute s'reu reçû, te freu ine p'tiate harangue.

VERNIER, *à sa femme.*

Ah! ah! j'lateu, j'leureux itou fat, Nanette,
Que tet à matte té belle cornette;
Tien vale ma fille s'que j'lou zy direu en bay français,
En routant mon chepé au keuré et aux sousses qui srin tolais.

Mme VERNIER, *à son mari*.

Ma, Vernier, j'pense beune que ce ne sercume en allemant
Queuve vourin fare à ces Monsieurs let vot compliment.

VERNIER, *à sa femme*.

Ma, ma, rouate, coucheuve, jeuve dit v'natte quine fomme,
S'let n'amme baye, ma bonne, d'vleur s'maqué d's'nomme.

Mme VERNIER.

Oh! neuf fochaire met, Vernier, m'n'affant,
Penseu à bian fare vatte compliment.

Compliment et réception de l'Échevinat.

Quel jour heureux, Messieurs, il finit mon chagrin,
Je puis dire à présent que je suis échevin ;
Vos suffrages unis m'ont donc rendu justice,
Et j'espère bientôt entrer en exercice.
Confondu dans la nef, j'enviais un honneur,
Je l'aurai maintenant, j'irai siéger au chœur.
Ce que, depuis longtemps, je souffrais avec peine,
C'était de ne pouvoir m'habiller en ébène ;
Mais c'est le premier droit attaché à mon rang,
Je vais faire acheter un beau drap de Sedan ;
Je ferai demander au compère Marotte,
Ce qu'il en faut pour l'habit, la veste et la culotte.
Outre mon habit noir il faut encore des gants,
On ne peut être beau sans faire des dépents.
J'ai droit de requérir, de faire assembler la fabrique,
Et d'y faire briller toute ma rhétorique ;

Vous êtes trop instruits, Messieurs, de mon autorité,
Pour n'entreprendre rien sans m'avoir consulté:
J'ai le droit exclusif, Dimanche ou jour de fête,
Un plat d'argent en main, d'aller faire la quête.
En vérité, Messieurs, mon cœur est attendri,
Quand je vois les beaux droits que j'acquiers aujourd'hui.
Lorsque j'étais parrain je payais de ma poche,
Et je n'avais que tout au plus la troisième cloche;
De la grosse, à présent, le son majestueux,
A mon épouse et à moi nous est dû à tous deux.
A me complimenter tout le Champé s'empresse,
Et témoigne en ce jour la plus vive allégresse;
Célébrons tous notre aimable voisin,
Il n'était que tripier et le voilà échevin.
De l'un à l'autre état le surprenant contraste,
Restera à jamais consigné dans notre faste;
Il jouit maintenant de plus d'un beau pouvoir,
Au lieu d'un habit brun, il en aura un noir.
Premier de la paroisse et chef de la fabrique,
Il pourra désormais appuyer nos suppliques;
Il faudra qu'à l'envi nous nous empressions,
A mériter l'honneur de sa protection.

Réponse de Vernier au compliment qui lui a été fait.

Dans toutes leurs maisons la vive joie éclate,
En les entendant mon âme se dilate.
Ils ont déjà entre eux choisi des députés,
Qui viendront aujourd'hui demander mes bontés;
Je les leur donnerai, je leur ai promise,
Pour vous tous, Messieurs, elles vous sont acquises.

Observation de Mme VERNIER.

Lo Te Deum chantaye, teu veureu eune ancien,
Queut fré let reverance et te presenteret la main;

Comme teute rengorgeraye quand devant l'assemblaye,
Ils to conduront dans le banque comme on moine une meriaye.
Rentré dans let sacristie, oh! queute sreu donc haouroux,
Quand te veurez totin chequinque tot v'nin soté au cou;
Te s'reu complimentaye pet l'keuré et les vicares,
Qui vinront tot reconache pol premin de Saint-Eucare;
Se recommander à tet ofin qu'au quatre-temps,
Te louzi seu propices et louzi beillet de l'ergent.
Ma si on m'fauche, je fra veur d'la tête,
J'pourans dire cette fois let j'prétends et j'entends,
Vous voulez cela noir, et moi je le veux blanc.
Po torto ce qui rouateret let depense et let recette,
Veu vienreux, j'en confarerons en mingent eune caillette;
Lo sous qui mattré in cliou sans natte évis,
J'pourans, si j'vollant, l'an fare beune repenti.
Quand y nieret queuquinque de mou dans let berache,
Sans natte permission on nouscreu s'nés les cliaches;
Sus tous les meubles don mouti terré l'inspection,
T'observerai si chequinque fa beune ses fonctions;
Si queuquinque y manqueu, sus l'champ sans pu etente,
Té pourré l'fare v'ni poli, li beillant ine reprimende;
L'y dire : sur vous, Monsieur, vous savez mon pouvoir,
J'prétends que chequinque se range à son devoir;
Et cependant de vous on est venu se plaindre,
Je veux me faire aimer et non me faire craindre.
Je suis bon, je ne veux qu'à toute extrémité,
Employer de mon rang toute l'autorité.
Quelqu'un que je verrai exact et serviable,
Sera de temps en temps invité à ma table;
Je lui ferai manger, outre du bon molat,
Ce que j'aurai de mieux en fait de cent feuillat.
A revoir, mon ami, ayez soin de mieux faire,
Songez à tous les droits que j'ai à Saint Eucaire.

Fin des expressions rapportées, telles que le sieur Vernier les aurait
dites dans sa fonction d'échevin ; ensuite il continue son embellisse-
ment à cette réception toujours dans son même langage.

Vatteu tojo l'premin et les prochessions,
San beillié l'pain beni, veveu tojo l'croton.
L'bedau vient poliment queuv'presente eune essiette,
Aulu que dans la nef v'nen eveu quine lichette ;
Et des paumes aux Rameaux, in cierge à la Chand'leur,
Ce n'sret jema fini de reconté tant d'honneur.
J'creu que les banques don kieur deuve ête de mou bonne plièces.
On deut ête et s'nage et veur tortu s'qui s'pesse.
Quand asce que j'sera let haut, en cas que si j'y atteu,
Quand erage le pliasié de leur de tant d'bedreux.
Jeune coichemet m'sentiment, y nien net qui font let boune bête,
En dejant qui n'en veuillent point, n'demande met mieu d'en ête.
Po les gens comme y faut feyant mes fonctions,
Jé sereu poli, honnête et plien d'attention ;
A l'egard des hautes gens mes compères et commères,
Je louzi direu tojo des paralles familières :
Je louzi direu en quettant : matteu dans l'pliet, Messieux,
Ou si non jeuve beillera des coups dasse de pieds d'bieux.
J'empliareu le moyen generalement quelconque,
Comme in bouin échevin po rempli sovent l'tronque.
Dans menège je baillereu de temps en temps des gueltons,
Je freu des pensates exprès et don mou boin tacón ;
Ve srin deume sentiment, nome, met cher Nanette,
De sacrifié v'lonti vingt dozaines de caillettes.
J'freu beillié aux braves gens qui merin d'né zoute voix,
In lopin de cent feuillat et inque de foye et cheque fois.
Quand j'pense a torto s'let, queu honneur, natte matresse,
Si jeuve voyins quetté ty douze à eune grande mosse.

Et vot comme jeuve conna, ha! verin mou d'plasie,
Si v'oyin dans in kieur vatte cher homme de neur veti;
S'let eriveret queuque jo, n'pardenre met potience,
Vol portant en causant que natte repousoi s'evance.

M. l'abbé, après avoir écouté attentivement ce préambule du sieur
Vernier, cependant sans savoir qu'il était écouté, lui répondit très-
poliment en ces termes, afin de l'encourager encore davantage dans
son dessein:

Ayant enfin conduit votre entreprise au bout,
Les personnes de l'art louaient votre bon goût;
Vous-même, le plaisir peint sur votre visage,
Vous en considérez le brillant assemblage.

Ici le sieur Vernier ne cessant de se rengorger, s'admirait lui-même
dans sa besogne, et, voyant qu'elle allait être achevée, résolut de
s'énoncer sur la toilette qu'il allait faire. Donc ses expressions toujours
dans son même langage.

Sa tot les ans l'pu bé, quen disjeuve, madame Vernier,
Sa, beuillieume la klié que j'alleuse me r'chinget.
Disjeuve in pou au compère qui v'neusse fare met cadenatte,
J'nerame dans in moment l'art deune homme don commun;
Jeume mattra in po d'podre, et un pu bet habit brun,
J'mattra met belle veste, et met pu belle queulotte,
Ma j'pense quim faut dejeunié, fayeume queur ine pansotte.
Pendant que j'm'habillera, faut pensé à me chepé.
Non, ce s'reu enne embarras pou tantou p'té le dé.
Ne manqueume de m'everti quand v'veurez les bannières;
Eveuve fat mattes les mas au froche à la rivière.
Penseu que tortu fut prot, ayieu soin d'aoir l'œil,
Qu'on ap'teusse à temps et lieu les chires et les fauteuils;

Et qu'on n'attendeusse met qu'ine prochession fut v'naoue,
I'o torto errenget ces chouses let dans la raoue,
Ce sreu fare moqué de set deu ne point fare les honneurs,
A tant d'messieux qui vinront et queront des habits neurs.

L'abbé représente ici au sieur Vernier, qu'un jour de même fête,
il fut trompé dans son espérance à cause de la rencontre de plusieurs
processions ensemble qui les empêchèrent de se trouver, suivant la
demande qu'il en avait fait à MM. les Curés, à son reposoir, ce qui
l'alarma considérablement.

L'ABBÉ.

Ce moment, cher Vernier, me rappelle une histoire,
Qui vous donna un jour un bien amer deboire;
Notre procession se portant au Champé,
Par Sainte-Ségolène elle était occupée.
On prend le vrai moyen d'éviter la cohue,
On va au reposoir de Fournirue;
Revenant, on trouve le Champé encore plein,
Qui en fermait l'entrée? c'était Saint-Maximin.
Ne pouvant avancer, la nôtre se divise,
Et l'on prend le parti de rentrer à l'église.
Pendant cet intervalle, hélas! que pensiez-vous?
Vous nous attendiez, vous comptiez bien sur nous?
Lorsque tout hors d'haleine accourut un petit drôle,
Qui vint vous annoncer cès paroles.

Pour ne pas faire attendre plus longtemps le sieur Vernier, un jeune
garçon s'avisa de courir à lui pour lui annoncer que la procession ne
viendrait pas à son reposoir, et qu'il en pouvait éteindre les cierges.

LE PETIT GARÇON.

Saint-Eucaire était près d'entrer dans l'Champé,
Ma frik, quand ils ont vu qu'il était occupé
Par les Saint-Maximin et les Sainte-Ségolène,
Ma frik, ils ont parti, sa leur a fait de la peine.

Le sieur Vernier voulant se fâcher contre ce messager, croyant qu'il disait un mensonge, fut pourtant dans l'obligation de s'en rapporter à lui, sur le son des cloches qui lui confirmèrent ce rapport.

LE PETIT GARÇON.

Monsieur Vernier, jeu ne dit point de menterie,
Les v'let qui vont rentré, acoutés très-bien, acoutés-les sonné.

C'est à ce son de cloches où le sieur Vernier veut presque se désespérer de voir que toutes ses peines sont perdues à cause de cette rencontre ; il résout bien des choses en murmurant, et marque même son dégoût de travailler dans la suite à son reposoir.

VERNIER.

Na je donc fa in r'pousoi, ne maje beillié tant de hoches,
Pou n'point avoir l'bon Dieu d'natte berache.
Ah ! qui asse qui mereu dit que j'ereu tant d'chagrin,
Quand ja eteu echeu invité Saint-Maximin !
Queu affront ! queu affront ! non, non, j'na pu d'coreige,
Allons pu d'repousoi, j'nen fa pu devantaige ;
Et qu'on en paleu pu, hateuve et l'demonté,
Dès demain jera vendu les plianches et les tretés ;
Et du chandli dergent, et des cades, et des gliasses,
J'vieux dès demain met même allé remercié les sœurs Callattes,
Et zou rechat dergent et des fliots et des ridiaux,
Et zou vase à bouquets, et don t'pin d'fleur et tabliaux,
Et don leur girandoles, lo devant d'autel et les gliesses.
Ah ! merange etendu qu'on m'joureu eune telle pièce ;
Et lou caisse de lauriers et après de torto,
Et d'lou tapisserie etd'tout, sa po tojo.

L'ABBÉ.

Votre chère moitié comme vous désolée,
Loua votre courou, entra dans vos idées ;

Vous étiez mécontent, vous en aviez sujet,
Votre menace aussi ne fut pas sans effet.
A la procession de la suivante année,
Pas un seul reposoir dans toute la tournée.
Chacun dit : qui aurait cru cela de Vernier,
Tant de fiel entre-t-il dans l'âme d'un tripier.
L'an d'après, cependant, nous pardonnant l'injure,
Un nouveau reposoir appaisa les murmures ;
Ce fut votre dernier ; un destin ennemi,
Vint du milieu de nous enlever notre ami ;
Excusez ma douleur, cette image cruelle,
Sera pour moi des pleurs une source éternelle ;
Depuis qu'à Metz l'on fit votre inhumation,
Je ne puis y penser sans indignation.

Puis-je de mes yeux ne voir de châsse aux tripes,
Chez ceux qui ont voulu nous envoyer des pipes ;
Que privés de tacon, ils mangent des grondebires,
Moi seul en être la cause, et mourir de plaisir.

FIN.

9 782019 318192